LINGUAGEM CORPORAL

Guia Ilustrado Para Entender A Comunicação Não Verbal

(Dominando A Arte Da Comunicação Não-verbal)

Billy Brim

Traduzido por Daniel Heath

Billy Brim

Linguagem Corporal: Guia Ilustrado Para Entender A Comunicação Não Verbal (Dominando A Arte Da Comunicação Não-verbal)

ISBN 978-1-989837-22-1

Termos e Condições

De modo nenhum é permitido reproduzir, duplicar ou até mesmo transmitir qualquer parte deste documento em meios eletrônicos ou impressos. A gravação desta publicação é estritamente proibida e qualquer armazenamento deste documento não é permitido, a menos que haja permissão por escrito do editor. Todos os direitos são reservados.

As informações fornecidas neste documento são declaradas verdadeiras e consistentes, na medida em que qualquer responsabilidade, em termos de desatenção ou de outra forma, por qualquer uso ou abuso de quaisquer políticas, processos ou instruções contidas, é de responsabilidade exclusiva e pessoal do leitor destinatário. Sob nenhuma circunstância qualquer, responsabilidade legal ou culpa será imposta ao editor por qualquer reparação, dano ou perda monetária devida às informações aqui contidas, direta ou indiretamente. Os respectivos autores são proprietários de todos os direitos autorais não detidos pelo editor.

Aviso Legal:

Este livro é protegido por direitos autorais. Ele é designado exclusivamente para uso pessoal. Você não pode alterar, distribuir, vender, usar, citar ou parafrasear qualquer parte ou o conteúdo deste ebook sem o consentimento do autor ou proprietário dos direitos autorais. Ações legais poderão ser tomadas caso isso seja violado.

Termos de Responsabilidade:

Observe também que as informações contidas neste documento são apenas para fins educacionais e de entretenimento. Todo esforço foi feito para fornecer informações completas precisas, atualizadas e confiáveis. Nenhuma garantia de qualquer tipo é expressa ou mesmo implícita. Os leitores reconhecem que o autor não está envolvido na prestação de aconselhamento jurídico, financeiro, médico ou profissional.

Ao ler este documento, o leitor concorda que sob nenhuma circunstância somos responsáveis por quaisquer perdas, diretas ou indiretas, que venham a ocorrer como resultado do uso de informações contidas neste documento, incluindo, mas não limitado a, erros, omissões, ou imprecisões.

Índice

Parte 1 1

Introdução 2

Linguagem Corporal: Visão Global 5

Linguagem Corporal Definida 6

Decodificando A Linguagem Corporal 8

Interpretando A Linguagem Corporal: Decodificando Sinais Não Verbais 10

LINGUAGEM CORPORAL BÁSICA 10
O ROSTO 11
OLHE NOS OLHOS 12
CONVERSAS DA BOCA 14
PERNAS E BRAÇOS 15
A POSTURA 15
DISTÂNCIA OU ESPAÇO 16
GESTOS MANUAIS 17
SORRISOS 18

Linguagem Corporal E Dominar Entrevistas De Emprego .. 20

PRIMEIRA IMPRESSÃO – ENTRADA 20
APERTOS DE MÃO PESAM MUITO 21
DURANTE A ENTREVISTA 22

Terminando A Entrevista – O Ponto De Vista Dos Entrevistadores 24

Namoro E A Arte Da Linguagem Corporal: Para Homens E Mulheres 26

CONTATO VISUAL 26

Gestos Sensíveis E Que Procuram Atenção 28

INCLINAÇÃO	29
Olhe Para A Bolsa Da Mulher	30
DIREÇÃO DOS PÉS	30
POSTURA BEM ABERTA	31
Negócios E A Arte Da Linguagem Corporal	32
POSTURA	32
CONTATO VISUAL	34
EXPRESSÕES FACIAIS	34
Movimentos De Cabeça E Mão	36
GUARDE SEU TELEFONE	37
DICAS FINAIS	37
SEJA CONFIANTE	38
FIQUE NO LADO POSITIVO	38
CONTATO VISUAL	39
SORRISO	39
Cuidado Com Expressões Espelhadas	40
Conclusão	41
Parte 2	43
Introdução	44
Capítulo 1: Introduzindo Você À Linguagem Corporal	46
COMUNICANDO SEM PALAVRAS	47
LINGUAGEM CORPORAL PODE SER APRENDIDA	49
Capítulo 2: O Básico Da Linguagem Corporal	51
SEU CORPO PODE RETRATAR EMOÇÕES E PENSAMENTOS	52
FORMAS BÁSICAS DE LINGUAGEM CORPORAL	54
UMA LISTA RÁPIDA DE MOVIMENTOS IMPORTANTES	59
Capítulo 3: Como Lidar Com Esses Sinais Sutis	62
A CHAVE PARA A SUTILEZA	63
O USO DOS OLHOS	63

Distribuição Do Peso 65
Sua Postura 65
Tensão 67
Seus Movimentos... 67

Capítulo 4: Como Usar Isso Em Sua Vantagem 69

Usando A Linguagem Corporal Para Conseguir O Que Você
Quer... 70

Usando As Dicas Na Vida Real 75

Capítulo 5: Lidando Com Problemas Na Linguagem Corporal
.... 78

Pensar Demais 79
Você Não Está Em Sincronia 79
Seus Movimentos São Estranhos E Largos 81
Falta De Expressões Faciais 81
Sinais Incompatíveis 82

Capítulo 6: Os Passos Finais Para Dominar A Linguagem
Corporal... 83

1. Pratique 84
2. Não Seja Autocrítico 84
3. Não Se Compartimentalize 85
4. Você Não Pode Ganhar Todas 85
5. Você Precisa Interpretar Ao Mesmo Tempo Que Faz 86

Conclusão 87

Parte 1

Introdução

Nem tudo o que você vê ou ouve é realidade — às vezes, há um significado oculto em cada ação e palavras pronunciadas ou expressão facial.

Às vezes, você verá uma pessoa sorridente, mas essa não é a verdadeira emoção quando você examina de perto. Sinais não verbais são às vezes negligenciados, mas aprender a decifrar esses códigos pode realmente fazer você se destacar em qualquer empreitada, seja você um estudante, um empresário ou uma pessoa comum. Na verdade, você ficará surpreso em saber como o conhecimento sobre a comunicação não verbal pode ajudá-lo a persuadir uma garota ou até mesmo a conquistar o coração de um parceiro de negócios ou outras coisas.

O ponto inicial é que o apertar das mãos, o piscar dos olhos ou a direção da palma da mão ou como uma pessoa vira de um lado para outro têm um significado. Cabe a você ser vigilante desses sinais. Calcule o real significado e sentimentos por trás da linguagem corporal de cada pessoa e esteja no frente do jogo.

Decodificar a linguagem corporal é fácil e simples. Este livro contém etapas e estratégias comprovadas sobre como se tornar um especialista na leitura da linguagem corporal, de forma rápida e fácil, fazendo as coisas ficarem a seu favor.

A razão pela qual você está nesta página é que você quer se tornar um mestre da linguagem corporal – você quer saber o que uma pessoa realmente quer dizer. Bem, esta é sua chance única de finalmente fazer acontecer. Este guia servirá como seu auxílio na leitura dos movimentos e reações das pessoas. Você nem percebeu, mas você já é um especialista em conversar com as pessoas, sabendo o que elas realmente querem dizer?

É a sua vez de fazer as coisas acontecerem e conversar com as pessoas utilizando seu conhecimento em linguagem corporal ou sinais não verbais. Esta é uma habilidade que lhe dará toneladas de sucesso no futuro, qualquer que seja sua empreitada.

Quero agradecer e parabenizá-lo por baixar o livro, "Domine a Arte da Linguagem Corporal: Aprenda a Analisar e Compreender a Comunicação NãoVerbal, Descubra como Ler as Pessoas com Rapidez e Entender o que Todo Mundo Está Dizendo".

Espero que goste!

Linguagem Corporal: Visão Global

Por acaso você já chegou a falar com alguém sem nem proferir palavras e ainda assim deu certo? E você já pensou por que músicas famosas dizem que existe "verdade nos olhos"? Bem, a resposta é: linguagem corporal.

Todas as pessoas são capazes de dizer ou expressar sentimentos ou emoções através do corpo. Às vezes, é muito mais simples não dizer nada do que muitas palavras. O problema está naqueles que recebem tais ações. Na maioria das vezes, o conflito surge quando o receptor não tem realmente muito conhecimento sobre a decodificação da linguagem corporal. Se você é um daqueles com dificuldades, este livro lhe mostrará os segredos.

Linguagem Corporal Definida

Por definição, a linguagem corporal é um tipo de comunicação que não usa palavras. Pode ser qualquer ação ou expressão do corpo para a qual uma pessoa dê significado. Essas pistas nem sempre são entregues intencionalmente e, na maioria das vezes, não são vistas ou são mal interpretadas.

Essencialmente, os sinais não verbais são elusivos, complexos e vêm com vários canais. Há momentos em que elos obedecem a um certo conjunto de regras, mas na maioria das vezes não são estruturados e podem ser aprendidos de maneira natural ou por algumas forças.

Com tudo isso, a razão de a linguagem corporal ter encantado muitos não é mais uma surpresa. O conhecimento da decodificação da linguagem corporal pode ser aplicado de várias maneiras —como determinar o que seu professor pensa do seu relatório ou se seu chefe aprova sua apresentação. Existem muitas instâncias em que a linguagem corporal pode desempenhar um papel enorme. Em alguns casos, o emissor das dicas pode não estar tão ciente da mensagem quanto os receptores.

Por exemplo, uma pessoa pode não estar ciente de que sua pupila se dilata ao sentir-se emocionada. Por outro lado, um receptor pode também não estar ciente de que as pupilas se dilatam junto com a sensação de entusiasmo. É assim que a linguagem corporal funciona em quase todos os casos.

Decodificando a Linguagem Corporal

Agora, não seria legal aprender algumas habilidades de decodificação de linguagem corporal? Sim, há realmente uma maneira de aprender sobre esses sinais não ditas. Ao aprender, você notará que está se comunicando e expressando seus sentimentos e pensamentos de forma mais eficaz. É uma ferramenta poderosa, que pode ser mais poderosa do que a fala, uma vez que o que você transmite às pessoas e vice-versa não tem a ver apenas com as palavras.

A comunicação bem sucedida é apenas um dos principais benefícios da aprendizagem da linguagem corporal. A comunicação eficaz não é apenas absorver as palavras e seu significado, mas também traduzir as ações em palavras e significado. Por exemplo, seu filho chega da escola e você pergunta como foram seus testes, ele responde "boa". Quando você olha para o rosto dele, o que você vê é aquele olhar triste como se o mundo dele tivesse desabado. Você interpretaria que seu filho realmente teve um bom teste? Assim, aprender a decodificar sinais não verbais pode realmente transformá-lo em um pai mais inteligente. Você poderia perguntar qual é o problema instantaneamente e agir.

Aprender a linguagem corporal é apenas uma das muitas coisas que podem ajudá-lo a sobreviver a cada dia de inúmeras maneiras.

Interpretando a Linguagem Corporal: Decodificando Sinais Não Verbais

Tomar conhecimento dos sinais que as pessoas entregam através da linguagem corporal pode levar a uma comunicação mais suave e eficaz. Lembre-se de que a linguagem corporal é responsável por mais de 50% de como cada pessoa se comunica. Neste capítulo, você aprenderá como ler e interpretar a linguagem corporal, para que possa descobrir com precisão o que a outra parte está dizendo em quase todas as situações.

Aqui estão algumas das coisas que você deve observar:

Linguagem Corporal Básica

Geralmente, existem dois tipos de emoções: positivas e negativas. Agora, seu objetivo é identificar se a pessoa com quem você está conversando está confortável ou não. Aqui estão algumas coisas que você deve conferir:

Sinais Positivos:

- Inclinando-se para você

- Membros não cruzados e relaxados

- Contato visual estabelecido

- Sorriso autêntico e caloroso

- Desviando o olhar devido à timidez

Sinais negativos:

- Inclinando-se para longe de você

- Pernas/braços cruzados

- Esfregar partes do corpo como os olhos, nariz etc.

- Pés não estão na sua direção

- Olhando de um lado para o outro

O Rosto

O rosto pode dizer muito – uma única expressão pode significar uma coisa e muito mais. Então, você deve estar atento às expressões faciais e às emoções por trás delas. Identificar emoções como alegria, tristeza, raiva e medo é bastante fácil, pois parece haver uma forma universal de expressão para expressá-las em todo o mundo.

Outras emoções comuns para observar através do rosto incluem o seguinte: confusão, desejo, empolgação, desdém e surpresa entre outros.

Olhe nos Olhos

Os olhos podem revelar muito sobre como uma pessoa pensa e sente. Então, você deve praticar olhar nos olhos da pessoa quando estiver em uma conversa e perceber algumas coisas como as seguintes:

- Maneira de Piscar: Bem, piscar é inato. Mas você deve prestar atenção ao modo como uma pessoa pisca. Por exemplo, pessoas com piscadas rápidas podem estar se sentindo instáveis ou com dor. Se uma pessoa pisca menos que o normal, ela pode estar se concentrando ou tentando esconder algo como sentimentos de entusiasmo ou qualquer outra coisa.

- O Olhar: Uma pessoa que constantemente desvie o olhar ou interrompa o contato visual pode ficar desconfortável ou escondendo algo. Por outro lado, uma pessoa que olha por muito tempo pode fazer você se sentir ameaçado. Se uma pessoa olha diretamente nos olhos pode significar que ele esteja concentrando sua atenção ou esteja interessado.

- Dilatação da Pupila: O tamanho da pupila tem algo a ver com a maneira como a pessoa se sente. Pupila dilatada significa que a pessoa está empolgada ou interessada. Porém, observe as coisas que podem causar dilatação da pupila, como álcool e drogas, como anfetamina e cocaína.

Conversas da Boca

A boca pode falar até mesmo sem palavras. Aqui estão algumas coisas nas quais você precisa prestar atenção:

- Morder os Lábios: Pessoas que constantemente mordem seus lábios estão sob estresse ou preocupadas.

- Franzimento: Essa expressão nos lábios pode ser um sinal de desaprovação ou repugnância.

- Baixo ou Alto: Uma pessoa que está feliz ou se sentindo positiva, muitas vezes tem a boca voltada para cima. Por outro lado, uma pessoa com a boca virada para baixo pode significar que ela esteja triste, expressando desconfiança ou desaprovação.

- Escondendo a Boca: Em alguns casos, você encontrará pessoas cobrindo a boca. Nesse caso, isso pode significar que eles estão escondendo o que realmente sentem. Atrás da capa, eles podem estar sorrindo ou rindo.

Pernas e Braços

As pernas e os braços são muito úteis para transmitir mensagens não verbais. Aqui estão alguns sinais sutis que indicam algo se você prestar atenção:

- Pernas/Braços Cruzados: Estes sinais podem demonstrar qualquer um dos seguintes: necessitando de privacidade, precisam de proteção ou não estão nem um pouco interessados.

- Dedos Inquietos: Isso significa tédio, frustração ou impaciência.

- Agarrando as mãos atrás das costas: Isso pode significar raiva, tédio ou ansiedade, dependendo da situação.

A Postura

Como uma pessoa conduz seu corpo também é essencial. Existem muitas formas de postura, mas elas podem ser resumidas em duas:

- Fechadas: Significa simplesmente ter as extremidades cruzadas ou o corpo inclinado ou dobrado para a frente. Tal postura pode significar ansiedade ou hostilidade.

- Abertas: Esta postura envolve um corpo exposto o que indica prontidão, sinceridade e acessibilidade.

Distância ou Espaço

A distância entre as pessoas à medida que elas se comunicam também conta ao observar a linguagem corporal. Dê uma olhada abaixo:

- Íntimo: Isso é comumente visto em pessoas que têm relacionamentos próximos. O espaço íntimo é onde tocar e abraçar é aceitável.

- Pessoal: Esse tipo de espaço é onde amigos e familiares se encaixam. Coisas como sentar perto ou na frente do outro se encaixam nesta categoria.

- Social: Esse tipo de espaço é aplicável a pessoas que são colegas ou conhecidos. Esse espaço deve ser observado ao conversar com seu professor, seu chefe ou colega de escritório, etc. 3 a 4,5 metros é geralmente a distância coberta.

- Público: Algumas situações que envolvem o espaço público incluem falar em frente a uma enorme multidão ou se apresentar para a multidão, etc.

Gestos Manuais

Gestos das mãos podem ser qualquer coisa como apontar dedos, acenar ou sinalizar quantidades numéricas. No entanto, existem alguns gestos que podem significar coisas diferentes em um lugar e outro. Veja estas:

- Polegares para baixo/para cima: Baixo significa desaprovação, enquanto cima significa o contrário.

- Punho Apertado: Esta forma pode significar raiva ou, em alguns casos, convicção.

- Sinal "Ok": O sinal universal okay significa positivo ou acordo. No entanto, na América do Sul, este é um sinal vulgar, enquanto nos países europeus, isso significa depreciar a pessoa com quem você está falando.

- Gesto V: Para muitos, isso significa vitória enquanto que em países como Austrália e Reino Unido, esse gesto é vulgar, especialmente quando a mão é colocada sobre o rosto.

Sorrisos

Você pode não saber, mas há sorrisos falsos e genuínos, também conhecidos como "Duchenne". Por que é importante saber qual sorriso é real ou não? Bem, de acordo com estudos, os mentirosos podem ser pegos frequentemente pelos seus sorrisos.

É fácil: especialistas dizem que sorrisos falsos indicam que uma pessoa está mentindo. Sorrisos reais são aqueles que envolvem os olhos. Basicamente, um sorriso é genuíno se você vir algumas rugas ao redor dos olhos enquanto as bochechas vão para cima. Se você vir algo diferente disso, uma mentira pode estar acontecendo no momento.

Linguagem Corporal e Dominar Entrevistas de Emprego

Entrevistas de emprego são realmente estressantes, pois pode ser difícil convencer seu empregador em potencial que você deve ser a escolha. A experiência pode ser desconfortável na maioria dos casos e você pode não perceber que está exibindo sinais não verbais negativos.

A exibição de linguagem corporal positiva pode fazer uma enorme diferença entre uma entrevista de emprego fracassada e uma bem-sucedida. Abaixo estão algumas dicas de linguagem corporal e sugestões que você pode levar em consideração ao passar por uma entrevista. Deixe seu corpo se mover e falar!

Primeira impressão – Entrada

A entrevista começa antes mesmo de você entrar na sala de entrevista. Então, você deve ficar de pé ou sentado com postura e firme e evitar os dedos agitados e inquietos. Seja o mais calmo e confiante possível. Este não é o momento para brincar com seu currículo ou portfólio que você pode estar segurando no momento.

Tanto quanto possível, não coloque tantas coisas em cima do seu colo, assim você pode evitar ser desajeitado ou deixar coisas caírem enquanto se levanta. Isso permite que você cumprimente o entrevistador da maneira mais graciosa.

Apertos de Mão Pesam Muito

Domine o aperto de mão –é isso! O aperto de mão pode te levantar ou te derrubar, então preste muita atenção a este assunto. Evite a coisa chamada "agarrão da morte" ou segurar a mão do entrevistador com muita força e sacudi-la de maneira muito agressiva. Isso pode significar que você está muito nervoso ou desconfortável.

Tente agir da maneira mais confortável possível. É melhor usar a mão direita e manter o que você está segurando na outra mão. A palma da mão deve estar um pouco para cima e deixe a mão do entrevistador cobrir a sua mão, pois isso um sinal de respeito. Não cometa o erro de usar a mão esquerda para cobrir a mão do entrevistador enquanto ele está apertando a sua mão direita, isso pode ser interpretado como tomar o controle.

Durante a Entrevista

Agora, preste atenção a essas coisas, especialmente quando a entrevista estiver em andamento:

- Postura: Fique neutro. Evite curvar-se, pois pode parecer preguiçoso e evite inclinar-se para a frente, pois pode exibir arrogância de sua parte.

- Contato Visual: Estabeleça contato visual, mas por favor, não encare. Basta fazer contato visual até criar uma conexão. Encarar pode ser irritante e intimidante.

- Não Aponte: Não use os dedos para apontar, pois isso indica muita agressividade.

- Braços/Pernas Cruzados: Não faça isso. Esses sinais corporais significam resistência ou falta de vontade.

- Não Acene Demais: Não acene como se você fosse uma marionete. Duas vezes é suficiente e certifique-se de acompanhá-lo com um belo sorriso.

- Sem brincadeiras: Não brinque com os dedos nem bata no seu colo. Acima de tudo, não morda as unhas.

- Posição da Mão: Não coloque as mãos no bolso ou atrás das costas. Deixe-a pendurada livremente e o mais relaxado possível enquanto fala.

- Combine – É importante combinar suas reações com o que você está dizendo. Não diga que você está entusiasmado com algo quando seu rosto parece estar participando de um funeral.

Terminando a Entrevista – O Ponto de Vista dos Entrevistadores

Quando a entrevista terminar, não se esqueça de levantar-se suavemente e deixar um sorriso. Não se esqueça de apertar a mão do entrevistador e evite perguntar ou deixar que ele perceba que você está ansioso para saber como foi a entrevista. Deixe isso para depois.

Agora, quais são as chances de você conseguir o emprego? Fique atento a esses sinais sem afetar seu desempenho durante a entrevista:

- Rosto: se o entrevistador acenar ou sorrir frequentemente, então bom sinal. Por outro lado, se o entrevistador levantar a sobrancelha ou parecer desinteressado, preste atenção.

- Olhos: Idealmente, o entrevistador deve estabelecer contato visual com você, se ele estiver interessado. Se não, você notará que os olhos dele vagam pela sala de entrevistas.

- Gestos: Preste atenção em gestos positivos, como balançar a cabeça positivamente, sorrir, fazer anotações, etc. No entanto, atente quando o entrevistador se inclina para trás, cruza as pernas ou os braços ou até mesmo tem uma expressão facial incompatível com suas palavras.

- Postura: De preferência, o entrevistador deve estar sentado de forma relaxada, ligeiramente inclinado para a frente. Cuidado com os sinais negativos, como braços cruzados ou fazendo movimentos preguiçosos.

Namoro e a Arte da Linguagem Corporal: Para Homens e Mulheres

Aprender sobre a linguagem corporal pode realmente aprimorar suas habilidades de namoro, quer você seja homem ou mulher. Há toneladas de pistas não verbais que podem dizer que uma pessoa está realmente interessada em você. Não seria bom identificar instantaneamente se a pessoa com quem você está saindo está realmente interessada?

Você ficará surpreso como esses sinais não verbais podem lhe dar a resposta se um cara ou uma garota gosta de você ou não. Verifique estas coisas:

Contato Visual

Você pode descobrir que uma pessoa que olha timidamente ou desajeitadamente para você é uma pessoa que realmente gosta de você. Se você vê a pessoa com quem está saindo olhando para você quando você parece estar olhando para outro lugar, então há uma combinação em potencial!

Além disso, tente olhar de perto os olhos da pessoa: se você notar que a pupila aumenta, então bom para você, isso é um sinal de que uma pessoa gosta de você. Então, aproveite as garotas e os caras que gostariam de jogar o jogo de encarar – você pode facilmente pegá-los com este truque de linguagem corporal!

Gestos Sensíveis e que Procuram Atenção

Uma pessoa que gosta de você na verdade dá um jeito de se aproximar de você e do seu corpo, é claro. Por exemplo, uma garota ou um cara fará um esforço para fazer seus ombros se encontrarem quando conversando. Ou, provavelmente, um cara com quem você está saindo está realmente interessado quando você vê seus gestos abertos – como quando ele olha para você com os braços relaxados e as pernas bem abertas.

Aquela pessoa com quem você está saindo também fará coisas como esfregar seu braço de propósito ou acidentalmente se ele ou ela gostar de você, então fique atento a esses sinais sutis. As garotas também ficaram consertando o cabelo constantemente, enquanto os garotos vão ficar ajustando sua camisa ou qualquer coisa que esteja em seu corpo para atrair sua atenção.

Inclinação

Estes sinais podem ser melhor observados quando se tem conversa cara a cara com a pessoa com quem se está saindo. Quando uma pessoa com quem você está saindo está inclinada em sua direção, então existe um possível interesse. Este é um grande sinal de que uma pessoa está escondendo o interesse em você e no que você está dizendo.

Inclinar a cabeça também significa que a pessoa com quem você está quer que você saiba de sua presença. Por outro lado, se você quer que a pessoa perceba isso, certifique-se de não inclinar enquanto olha em cima da cabeça da outra pessoa ou olhar ao redor da área, pois isso pode ser interpretado como falta de atenção ou interesse.

Olhe para a Bolsa da Mulher

Você pode saber instantaneamente se uma mulher está interessada se observar como ela segura sua bolsa. Por exemplo, uma moça que não se sente atraída ou que não se sente à vontade com você, segurará sua bolsa de um lado ou exatamente em frente de seu corpo.

Por outro lado, uma mulher atraída por você segurará sua bolsa espontaneamente e garantirá que ela não bloqueie sua visão. Essa é a maneira dela de chamar sua atenção.

Direção dos Pés

Você poderia dizer se a pessoa está atraída por você observando os seus pés. O segredo aqui é reconhecer para onde os pés estão voltados. Se os pés estão apontando para outra direção que não a sua como a da porta de saída ou para qualquer lugar, então o cara ou a menina realmente não está muito na sua.

Mas então, se você perceber que os pés estão apontando para você, então é o seu dia de sorte! É um sinal de que essa pessoa está realmente atraída e está disposta a conhecê-lo melhor.

Postura Bem Aberta

É uma reação natural do corpo se abrir quando estiver interessado. Algunsdos sinais não verbais denunciadores que dizem respeito a isso incluem o arqueamento das sobrancelhas. Isso pode significar que a pessoa que você está saindo está lhe dando as boas vindas e quer que você a conheça melhor e claramente.

Certamente, os olhos se dilatam tanto quanto o nariz. Observe como suas narinas se alargam também. Este é geralmente o caso quando uma pessoa gosta de você – ela inala bastante para sentir seu cheiro para te analisar como um possível amante.

Negócios e a Arte da Linguagem Corporal

A maneira como você utiliza seu corpo ao se comunicar com as pessoas diz muito sobre você. Quando você está no complexo mundo dos negócios, estar alerta sobre como funciona a linguagem corporal é um grande negócio. Seus gestos e os sinais não verbais que você está dando podem realmente reforçar ou destruir relações possíveis ou existentes – tudo isso tem um impacto vital no seu progresso.

Seja você o chefe ou um humilde empregado, essas coisas devem ser lembradas:

Postura

Você tem que aprender como se apresentar e se portar bem o suficiente. Basicamente, esteja você de pé ou sentado.

Quando estiver em pé, certifique-se de que suas costas estão retas e alinhadas com o resto do corpo. Sua barriga deve estar encolhida e, por favor, evite curvar-se, pois isso pode mostrar preguiça. Além disso, evite colocar a mão nos bolsos.

Quando estiver sentado, fique em postura reta com as pernas juntas. Cruzar as pernas não é ideal pois isso pode parecer hostil, mas os homens podem fazê-lo se a perna estiver no nível do tornozelo ou do joelho. Além disso, não sacuda o joelho – isso pode ser muito irritante para as pessoas.

Contato Visual

Certifique-se de fazer isso, mas não muito. A capacidade de estabelecer e manter um bom contato visual é um sinal de confiança. Isso também ajuda você a compreender o que a outra parte tem a dizer. Além disso, também faz com que o destinatário saiba que você está inclinado a ele/ela.

Comece o contato visual assim que a conversa começar e mantenha-a, desde que você não esteja olhando muito profundamente. Continue assim até o final da conversa. Você pode achar incômodo olhar diretamente nos olhos, mas pode fingir olhando em algum lugar entre os lábios e o nariz. Além disso, é bom olhar para outro lugar de tempos em tempos, mas certifique-se de voltar o mais rápido possível.

Expressões Faciais

O rosto pode expressar muito, tornando vital aprender mais sobre isso. Por exemplo, sorrisos falsos podem te invalidar para outras pessoas, enquanto sorrisos genuínos podem fazer você subir em conceito. Sempre dê o sorriso mais verdadeiro para as pessoas e você será visto como generoso e amigável.

Franzir a testa sugere raiva ou desaprovação, mas este é muito comum. Tente examinar suas expressões faciais com frequência e veja que outras pessoas podem perceber ou também dar significado. Por exemplo, você morde muito os lábios ou arqueia a testa? Se sim, quando você faz isso? Tente avaliar e utilizar apropriadamente suas expressões faciais para uma comunicação mais eficaz.

Movimentos de Cabeça e Mão

Sua cabeça pode fazer tanto que ela pode se comunicar sozinha. A forma mais comum é balançar a cabeça para mostrar concordância. No entanto, não faça isso com muita frequência se não quiser aparecer como um boneco João Teimoso na frente de seu chefe, funcionário ou possíveis clientes. Se você for sacudir a cabeça para expressar desaprovação, também se certifique de não exagerar.

Além disso, preste atenção em suas mãos. Por exemplo, um aperto de mão é altamente funcional no mundo dos negócios – certifique-se de aperfeiçoar o seu próprio. Não fazer isso pode prejudicar seus laços comerciais. É simples: faça-o firme e forte, mas não tão agressivo que você esteja dominando a outra pessoa.

Outra área para atentar é inquietação e outros movimentos da mão. Não brinque com as mãos e evite qualquer atividade desnecessária nas mãos, como mexer ou roer unhas. Evite movimentos bruscos tanto quanto possível, já que os poderosos empresários usam movimentos sutis e menores das mãos para significar autoridade.

Guarde Seu Telefone

Esta é provavelmente uma das últimas atualizações em termos de uso da linguagem corporal para se tornar um sucesso nos negócios. Bem, é um fato: o seu celular é uma necessidade. Mas não deixe que ele atrapalhe os seus negócios. Ao falar com alguém, evite segurá-lo em suas mãos ou colocá-lo entre você e a pessoa com quem você está falando. A outra pessoa pode pensar que o telefone é mais importante do que ela.

Dicas Finais

A essa altura, você certamente já sabe que a linguagem corporal pesa muito em atrair e compreender as pessoas em qualquer caso. Aqui está um resumo rápido e um monte de dicas úteis para você dominar esta forma única de arte:

Seja Confiante

Não pense demais ou hesite – apenas deixe fluir, mas fique atento. Esta é uma das chaves para dominar a arte da linguagem corporal. Ser confiante permite que você pareça poderoso e relaxado ao mesmo tempo. Por exemplo, quando estiver sentado, sente-se ereto e deixe seus braços soltos ou coloque-os confortavelmente no seu colo. Fazer essa postura pode ajudá-lo a conquistar o mundo.

Fique no Lado Positivo

Lembre-se que existem dois tipos gerais de linguagem corporal: positiva e negativa. Sempre fique no que é positivo e aprenda a expressar interesse nos momentos certos. Um dos erros mais comuns é o uso de linguagem corporal fechada, como cruzar braços e pernas, o que pode significar desinteresse.

Contato Visual

O contato visual é algo que você pode observar e praticar – é um sinal de interesse, simpatia e, em alguns casos, pode ser usado para atrair a atenção. Ele pode ser usado e visto em sua vida cotidiana, assim como nos departamentos de negócios e amor. Por exemplo, você notará se uma pessoa está interessada se a vir olhando nos seus olhos e as pupilas se dilatarem de excitação.

Sorriso

O poder do sorriso nunca sairá de moda. Sorria frequentemente para excitar sentimentos positivos. Além disso, aprenda a ver se as pessoas ao seu redor sorriem genuinamente para você. Isso ajudará você a entender as pessoas ainda melhor.

Cuidado com Expressões Espelhadas

Sempre que estiver conversando com alguém, tente observar se o receptor está imitando sua linguagem corporal instintivamente. Se assim for, esta é uma sugestão não verbal que ele aprova ou gosta de você e do que você está dizendo. Por outro lado, você também pode usar essa técnica para estabelecer rapport e afinidade.

Conclusão

Obrigado novamente por fazer o download deste livro!

Espero que este livro tenha sido capaz de ajudá-lo a aprender sobre a linguagem corporal em um nível mais aprofundado – do que se trata, as diferentes formas, como esses sinais não verbais podem ser interpretados e utilizados em inúmeras circunstâncias.

Aprender a efetivamente usar e ler a linguagem corporal desempenha um papel vital na comunicação. Como diz o clichê, "as ações são mais fortes do que as palavras" – você deve estar sempre atento aos sinais não verbais ao seu redor e àqueles que você está dando às pessoas.

O próximo passo é tentar aplicar o que você aprendeu com este guia e entender as outras pessoas melhor e vice-versa.

Por fim, se você gostou do livro, gostaria de te pedir um favor, você poderia fazer a gentileza de deixar uma avaliação sobre ele? Eu ficaria enormemente agradecido!

Parte 2

Introdução

Em primeiro lugar, eu quero te agradecer e parabenizar por você ter feito o download do livro.

Nós usamos a linguagem corporal tão frequentemente que raramente pensamos sobre isso, mas mesmo assim, tem uma enorme influência sobre nossas ações, percepções, sentimentos e a qualidade geral da nossa vida, relacionamentos e carreira.

Portanto, a linguagem corporal é uma ferramenta que podemos usar para construir um caráter forte. Se negligenciarmos o uso dessa excelente ferramenta, nosso caráter não será tão forte.

Felizmente, qualquer um pode aprender como usar progressivamente a linguagem corporal para seu própriobenefício, mesmo sem nenhuma experiência prévia com isso, porque nós usamos a linguagem do corpo inconscientemente desde que somos crianças. Então, é instintivo para nós.

O poder virá quando você aprender a usar a linguagem corporal deliberadamente na hora e local exatos para tirar o melhor proveito de todas as situações e interações sociais.

Este livro contém passos comprovados e estratégias que irão te ajudar a fazer isso.

A mudança é possível com pequenos e progressivos passos. Cada minúsculo passo é um pequeno sucesso. Ler este livro é seu primeiro passo. Você já começou a ter sucesso porque está lendo essas linhas.

Obrigado novamente por baixar este livro. Espero que você goste e faça mudanças duradouras em sua vida!

Capítulo 1: Introduzindo você à linguagem corporal

O que, exatamente, é linguagem corporal? É um termo do qual você já teve ter ouvido falar antes e, ainda assim, muitas vezeso conhecimento que temos é bastante precário, para dizer o mínimo.

Podemos até estar conscientes da diferença que pode fazer para a maneira como conseguimos avançar na vida de maneira positiva ou negativa.

A explicação básica é que linguagem corporal é uma série tanto de movimentos conscientes e inconscientes que são capazes de retratar nossos sentimentos ou atitudes para com os outros ao nosso redor. É claro que, às vezes, quando estamos cientes do que estamos fazendo, ativamente fazemos certos movimentos para transmitir a impressão de que somos confiantes, tímidos ou qualquer outra emoção que desejamos mostrar nesse momento.

Comunicando sem palavras

Para muitos, a ideia da linguagem corporal é que ela é efetivamente uma forma de comunicação sem palavras. No entanto, o problema é que, há uma barreirana maneira pela qual esses movimentos sutis são interpretados pela outra parte. Eles são capazes de entender da mesma maneira que você os transmitiu? Você está ao menos enviando os sinais corretos, para início de conversa?

Além disso, é importante ter em mente que nem todo "sinal" que enviamos é intencional, pois é aí que a mente inconsciente entra em jogo. Muitas vezes, o conceito de linguagem corporal é desestruturado em sua abordagem; é complexo e as regras projetadas são flexíveis, e para muitos isso é o que dá uma sensação de medo em tudo em volta, levando a um aumento do estresse e da ansiedade.

Quando você para e pensa sobre isso, a linguagem corporal era a maneira pela qual tínhamos para nos comunicar antes de sermos capazes de falar como humanos. Grunhidos, apontar de dedos, vários outros gestos com as mãos são todas formas de comunicação não-verbal, e funcionou. O equivalente moderno é apenas uma evolução daqueles tempos mais antigos com a gente tendo uma compreensão muito maior do que as diferentes partes realmente significam.

Linguagem Corporal Pode Ser Aprendida

Mesmo que os aspectos da linguagem corporal sejam tratados em um nível inconsciente, existem diferentes partes que podemos aprender e, em seguida, colocá-las em bom uso. A parte boa é que isso não é exatamente um bicho de sete cabeças, e a diferença que pode ser alcançada graças à simples alteração de algumas áreas pode ser realmente impressionante.

Existem inúmeros trabalhos em que a compreensão da linguagem corporal pode ser usada a seu favor, e eu irei abordar isso em um Capítulo posterior, mas agora é importante entender que esses indivíduos não acordaram simplesmente em uma manhã e já dominaram essa arte em particular, tudo por conta própria. Em vez disso, eles foram orientados sobre como produzir movimentos de poder ou em como mostrar mais confiança com seu corpo, e funciona.

Então, isso é o que vamos fazer ao longo deste livro.

Primeiro, vamos olhar para os fundamentos absolutos da linguagem corporal para dar-lhe aquele nível básico que você poderá então desenvolver à medida que o tempo avança. Eu também vou passar um tempo olhando como você lê a linguagem corporal dos outros, a fim de verificar o que eles estão genuinamente pensando ou sentindo em um determinado momento.

Ao compreender ambos os lados da moeda, esperamos que você fique em uma posição melhor para usar a linguagem corporal a seu favor, repetidamente, mudando sua vida para melhor. Vamos encarar isso, quem não gostaria que isso acontecesse a eles?

Dito isso, vamos começar.

Capítulo 2: O Básico da Linguagem Corporal

Então, agora que eu fiz uma breve introdução à linguagem corporal em geral, é hora de explorar os princípios básicos para ajudá-lo a chegar a um acordo com o que você já sabe sobre esse assunto, e também como incorporá-lo ao seu vida.

Claramente, vou ter que focar nas coisas conscientes que fazemos, e não nas partes inconscientes, pois isso ficará fora do nosso controle. No entanto, há muito para cobrir, mesmo com apenas essa parte da linguagem corporal.

Seu Corpo Pode Retratar Emoções E Pensamentos

Existe, sem dúvida, um elo entre corpo e mente, mesmo quando você pensa que seus pensamentos estão sendo guardados para você, isso nem sempre é o caso.

Pense em um momento em que você estava nervoso ou ansioso. Seja honesto consigo mesmo sobre como seu corpo provavelmente estava naquele momento.

A maioria das pessoas acha que o corpo fica mais tenso. Você pode se mexer muito e ficar inquieto. Sua cabeça cairá mais para baixo do que normalmente estaria. Muitas vezes, você cruzará os braços subconscientemente ou, se estiver sentado, cruzará as pernas e tudo isso está enviando sinais de que você está ansioso.

Quando você pensa sobre isso logicamente, se você cruzar seus braços ou pernas, você está fazendo seu corpo menor do que o normal é e estará ocupando menos espaço. É um método de tentar se tornar quase invisível e é um sinal de que você preferiria estar em outro lugar fora dali naquele momento.

Se você mantiver esse pensamento em mente durante todo o resto deste Capítulo, então você deve achar que as outras coisas vão se encaixar sem muita dificuldade.

Formas Básicas de Linguagem Corporal
Para tornar as coisas mais fáceis, podemos dar uma olhada em diferentes formas de linguagem corporal e, no fim dessa parte do livro, eu vou precisar que você pare por um momento e pense a respeito de quantas delas você usa num dia normal.

Existem claramente várias partes do seu corpo que teremos que lidar aqui e também a forma que você fala. Além disso, você precisa estar ciente da maneira como você cumprimenta as pessoas, pois isso também tem um papel a desempenhar. Então, com isso em mente, vamos ver as coisas divididas em várias partes.

1. Seu Corpo
Com isso, eu quero dizer, do pescoço para baixo.O jeito que você fica em pé, senta ou se move irá resultar em interpretações das pessoas sobre como você está se sentindo em determinado momento.As pessoas prestam atenção na distância entre seus pés, pois isso demonstra uma postura fraca ou poderosa. Ao mesmo tempo, o que você faz com suas mãos irá ser

interpretado tanto positiva como negativamente.

2. Sua Cabeça

Eu vou discutir a cabeça em um Capítulo posterior, mas nesse momento eu apenas tenho que frisar que tantas expressões e emoções vem de sua cabeça que isso pode com frequência ser um ponto real para se focar a respeito de linguagem corporal. Desde a maneira que você mantém sua cabeça diretamente à frente ou olhando para baixo, para saber se o pescoço parece estar rígido ou solto. Sua boca, seu olhar, se você está gastando tempo arranhando partes do seu rosto, todos eles desempenham um papel na maneira como você retrata suas emoções e sentimentos através da sua cabeça.

3. Linguagem Corporal Aberta e Fechada

Existem duas categorias principais de linguagem corporal, aberta e fechada. Aberta representa alguém que é confidente com o que eles fazem, sem medos. Enquanto que fechada é alguém que é ansioso ou amedrontado. Além disso, olhe por esse lado. Aberto significa que você preenche o espaço que você está, enquanto que fechado é completamente o oposto, com você se fazendo o mais minúsculo possível.Aprenda os diferentes movimentos entre os dois e você será capaz de alterar completamente a maneira que as pessoas o percebem em várias situações.

4. Seus Gestos

Seus gestos são outra forma de linguagem corporal e todos nós os fazemos de várias maneiras. No entanto, a maneira como você os faz varia muito e pode demonstrar medo ou excesso de confiança. Mais uma vez, nós temos que pensar sobre o espaço e a força dos seus gestos para entende-los. Pequenos gestos, ou a completa falta deles, é interpretado como excesso de medo ou ansiedade. Gestos largos e enchendo os espaços com movimentos seguros exala confiança.

5. Sua Franqueza

O quão direto você é ao lidar com pessoas também pode representar uma forma de linguagem corporal. Se você se esquiva deles conversando em voz baixa, mexendo-se, evitando contato visual, e sendo mais indireto em sua interação, então você será compreensivelmente visto como nervoso e as pessoas poderiam se afastar de você. No entanto, faça o oposto, e as pessoas sentirão que você não devemmexer com você e que você sabe o que está fazendo.

6. Seu Andar

A maneira como você anda, seja na rua ou ao entrar em um quarto, é muitas vezes um bom indicador de que tipo de emoções ou sentimentos você tem neste momento.Linguagem corporal forte significa que você anda com uma passada saudável, sua postura é elevada, sua cabeça para cima, peito para fora e ombros para trás. Você anda em um ritmo normal sem correr para qualquer lugar. Fazer o oposto dessas coisas é negativo e deve ser evitado sempre que possível.

7. Cumprimentando Pessoas

Ao saudar as pessoas, a maneira como você faz isso também é uma forma de linguagem corporal. De novo, você está procurando força no que está fazendo, além de buscar ser assertivo em todas as partes. Ao cumprimentar as pessoas, você precisa ter um aperto de mão firme, certifique-se de sorrir para elas e sempre olhá-las nos olhos. Além disso, mantenha seu corpo o máximo possível relaxado.

Uma Lista Rápida de Movimentos Importantes

Como você pode ver, esses sete métodos diferentes pelos quais a linguagem corporal pode ser usada significam que há uma tendência para fazermos esses vários movimentos várias vezes por dia. No entanto, eu também preciso fornecer uma lista rápida dos principais movimentos que todos nós tendemos a fazer regularmente. Ao ficar ciente dos movimentos mais positivos da linguagem corporal, será mais fácil incorporá-los à sua mente consciente.

1. Os Movimentos Positivos

Tenha uma postura relaxada, mas forte.

Ocupe mais espaço ao invés do mínimo possível.

Incline na direção da pessoa levemente quando ela estiver falando.

Mantenha seus braços confortavelmente ao seu lado.

Mantenha os pés afastados na largura dos ombros.

Use gestos sólidos para mostrar confiança e frisar algo.

Tenha um aperto de mão firme, mas não os esmague.

Mantenha contato visual.

Balance a cabeça positivamente ou sorria quando concordar com alguém.

Diminua o ritmo um pouco, pois isso mostra confiança.

Mova objetos de sua frente, quando eles estiverem atrapalhando.

2. Os Movimentos Negativos

Nunca olhe para o relógio demonstrando que você precisa ir embora.

Nunca olhe para o chão, demonstrando desinteresse.

Nunca encare as pessoas ou mantenha o olhar distante delas.

Não fique inquieto.

Não cruze os braços e pernas como se estivesse se fechando todo.

Não recue quando conversar com alguém.

Evite ficar tocando no seu rosto. Isso demonstra ansiedade.

Não fique beliscando as coisas, mesmo que seja você mesmo ou suas roupas.

Nunca sente na ponta da cadeira.

Nunca bata sua caneta ou qualquer coisa do tipo.

Observe com que frequência você pisca.

Evite ficar muito próximo de uma pessoa e se lembre do espaço pessoal dela.

Nunca dê um sorriso falso; isso é muito óbvio.

Relaxe e não fique muito rígido, pois isso também é óbvio.

Existem muitas outras coisas que eu poderia mencionar aqui, mas as duas listas de coisas negativas e positivas vão ser o bastante para lhe educa no tipo de coisas que você precisa fazer positivamente.

Você cometerá erros em momentos diferentes, mas isso é absolutamente normal, já que todo mundo faz isso, desde que você não permita que essas coisas lhe atinjam.

Dito isto, há alguns sinais sutis associados à linguagem corporal que você também precisa estar ciente, e é para aí que vamos no próximo capítulo.

Capítulo 3: Como Lidar Com Esses Sinais Sutis

No Capítulo de abertura, eu mencionei quantas vezes haverá aspectos da linguagem corporal que são muito sutis na natureza. No entanto, graças a essa sutileza, há uma chance muito real de que você não perceba ou subestime como você está exibindo certas coisas por si mesmo.

Então, com isso em mente, Eu vou levar você através de alguns desses sutis sinais chave para tornar a vida um pouco mais fácil. Além disso, você pode ver este Capítulo como um ensinamento de tudo sobre como ler a linguagem corporal, uma vez que isso também será bastante útil na sua vida.

A Chave Para a Sutileza
Como a palavra sugere, muitas vezes é o menor dos movimentos da linguagem corporal que pode nos dizer, ou divulgar, o máximo de informações. Para alguns, isso será bastante deprimente quando descobrirem que não foram capazes de esconder seus verdadeiros sentimentos ou emoções tão bem quanto pensavam.
Para ajudar, vou dar-lhe alguns exemplos do que quero dizer com sinais sutis, já que isso não só fará com que você perceba quando os usa, mas também ajudará a identificá-los nos outros.

O Uso dos Olhos
Você provavelmente já ouviu o ditado de que os 'olhos são as janelas para a alma', e na linguagem corporal não há dúvida de que eles são capazes de dizer muito sobre o que a pessoa está pensando ou sentindo.
Pense nisso por um momento.
Se você está falando com alguém e percebe que seus olhos estão se movendo

para todos os lados, como você se sente? As chances são de que você perceba que o indivíduo está ansioso ou entediado, já que ele emite sinais que estão ao longo dessas linhas apenas porque são incapazes de manter qualquer contato visual.

Em vez disso, você precisa ter certeza de que olha para as pessoas em vez de ignorá-las com seu olhar enquanto conversa. Não são apenas falta de boas maneiras, mas também são vistos como linguagem corporal fraca e darão a impressão errada.

Distribuição do Peso

A distribuição de peso é outro sinal sutil que pode dizer muito sobre o que um indivíduo está pensando ou sentindo. Por exemplo, aceita-se que a maneira como você distribui seu peso pode enviar sinais de se você está confortável ou não. Um indivíduo que tende a colocar mais peso em um pé do que no outro está enviando um sinal de ansiedade e de que gostaria de se afastar. Para mandar um sinal positivo, você precisa plantar os dois pés com firmeza, com a largura dos ombros afastados, e certificar-se de que seu peso seja distribuído uniformemente, já que essa é uma postura mais confiante.

Sua Postura

Muitas vezes nos dizem que nossa postura tem que ser boa para prevenir problemas nas costas posteriormente, mas também há algo mais acontecendo.

Para exibir uma linguagem corporal forte e confiante, você deve ter uma boa postura. Por exemplo, quando sentado em uma cadeira, você nunca deve ser desleixado. Além disso, você não deve se inclinar para frente, pois essas coisas têm o impacto de torná-lo menor em tamanho e é uma demonstração de ansiedade.

Em vez disso, sua postura em sua cadeira deve ser sentado com as costas apoiadas, sentado alto e, no entanto, também parecendo estar relaxado.

Além disso, quando em pé ou andando, uma boa postura significa que você está em sua altura total, em vez do indivíduo ligeiramente curvado, que é o que a maioria de nós tende a fazer. Mais uma vez, você pode ver como andar elevado, com os ombros para trás, o pescoço esticado até o comprimento total, mostrará às pessoas que não estão com medo e estão confiantes em quem vocês são.

Tensão
A pessoa com quem você está falando parece estar tensa em seu corpo e até mesmo em sua voz? Uma certa rigidez no corpo é geralmente vista como representando ansiedade e medo e, no entanto, é algo que podemos negligenciar. O que o pescoço deles está fazendo? E seus ombros? Tensão e nervos podem ser encontrados nessas partes do corpo, bem como em seus movimentos.

Seus Movimentos
Seus movimentos podem, é claro, ser o resultado tanto da mente consciente quanto inconsciente. No entanto, coisas como o ângulo em que você está quando fala com alguém podem levar a certas interpretações de como você pode estar se sentindo. Tenha sempre em mente os sinais de linguagem corporal abertos e fechados e como eles se relacionam com esses movimentos. Além disso, mesmo que seja aceito que movimentos fortes

representem um indivíduo confiante, há um limite em que ponto fica óbvio demais que você está efetivamente tentando mascarar o fato de que você está ansioso.

Sinais sutis podem fazer uma enorme diferença na sua compreensão da linguagem corporal e de um indivíduo. Estar ciente dos menores sinais torna mais fácil interpretar o humor ou emoções do outro, ao mesmo tempo que você usa isso para sua própria vantagem.

Capítulo 4: Como Usar Isso em Sua Vantagem

A linguagem corporal pode ter um impacto tanto positivo como negativo, mas não há dúvida de que podemos, de fato, usá-lo para nossa vantagem se soubermos o que estamos fazendo.

Com isso em mente, vamos explorar como você pode usar a linguagem corporal para se posicionar melhor ou até mesmo aumentar a probabilidade de conseguir o que deseja.

A maneira exata em que você pode usar isso a seu favor dependerá daquilo que você gostaria de alcançar. Então, eu vou te dar alguns cenários e o papel que a linguagem corporal teria então para que você pudesse ver como poderia adaptar esses movimentos sutis.

Usando a Linguagem Corporal para Conseguir o que Você Quer

Para conseguir o que queremos, é necessário que mostremos uma linguagem corporal forte e confiante. Afinal, ninguém vai nos ouvir se estivermos transmitindo sinais de que estamos ansiosos e que queremos estar em qualquer lugar que não seja onde estamos naquele momento.

Existem várias coisas que você deve fazer para demonstrar força e poder, e essas coisas foram experimentadas e testadas repetidamente de várias maneiras e indústrias.

Para confiança, você precisa ter linguagem corporal aberta. Você precisa preencher o espaço, pois isso demonstra força. No entanto, eu também recomendo que você use essas dicas para, finalmente, encontrar-se confiante e seguro.

1. Fique Parado

Uma pessoa ansiosa e nervosa tenderá a se mexer e se movimentar. Eles parecem inquietos devido à adrenalina que flui pelo seu corpo. Se você está tentando exalar confiança, sente-se quieto ou fique firme e forte em pé.

Além disso, mantenha os pés afastados na largura dos ombros, pois isso aumenta ainda mais a força e garante que você esteja equilibrado e que o peso esteja em ambos os pés. Se você se apoia mais em uma perna do que na outra, dá a impressão que você quer ir embora.

2. Postura Forte ao Sentar

Se você está sentado, então você deve encher a cadeira o máximo possível para que seu corpo permaneça aberto.

Sempre incline-se para trás, em vez de para a frente, e coloque os pés separados ou com uma perna um pouco cruzada sobre o joelho da outra. Nunca mantenha as pernas entrelaçadas ou em movimento contínuo, pois isso é sempre um mau sinal.

3. Lidando Com Sua Cabeça

A cabeça e o que você faz com seus vários componentes sempre terão um grande papel na linguagem corporal. Mais uma vez, a calma é importante, pois a ansiedade é exibida olhando em volta e movendo a cabeça mais do que o necessário. Isso não quer dizer que você deve manter a cabeça rígida, pois isso vai parecer falso. No entanto, escolha um ponto à sua frente e permaneça nessa área, mas mantenha sempre contato visual com as pessoas com as quais está falando.

4. Seus Braços

Seus braços são outro ponto de preocupação com a linguagem corporal e a única coisa que você não pode fazer é cruzar os braços ou segurar suas mãos. Ambos são considerados como um sinal de ansiedade, e isso é algo que queremos evitar. Em vez disso, tenha seus braços ao seu lado, ou até um pouco atrás de você. Alternativamente, coloque as mãos nos bolsos com os polegares para fora, pois isso é visto como outro movimento de poder.

5. Vá Devagar

Se você está ansioso ou estressado, então há uma tendência para que seus nervos o façam falar ou se mover mais rápido que o normal. Portanto, faz sentido que, se você simplesmente fizer as coisas em um ritmo normal ou mesmo diminuir um pouco, isso fará você parecer mais confiante.

6. Lembre-se de Fazer Uma Pausa

Quando eu digo a você para fazer uma pausa, eu quero dizer tanto na maneira que você se move quanto que você fala. As pessoas que estão ansiosas tentarão atropelar o que estão dizendo, e isso fica claro para qualquer um que esteja ouvindo. Ao fazer uma pausa, isso mostra que você está confiante no que está fazendo, pois muitas vezes o silêncio produz ansiedade nas pessoas.

7. Sendo Transparente

Eu já disse antes como precisamos nos manter abertos com nossa linguagem corporal, já que pessoas ansiosas tendem a se encobrir. A ideia é que você está basicamente expondo as partes mais vulneráveis do seu corpo ao invés de se diminuir o máximo possível.

8. Sendo Expressivo

É importante que você seja expressivo em suas ações para mostrar que está confortável e confiante. No entanto, há uma linha tênue entre ser expressivo e ser exagerado, pois isso significa que você foi longe demais. Apenas passe o tempo sorrindo para os outros, mantendo contato visual, pois isso também será vital.

Usando as Dicas na Vida Real

Os pontos que eu discuti acima são apenas algumas das principais coisas que eu sinto que você deve ter em mente quando se trata de usar sua linguagem corporal a seu favor. No entanto, você provavelmente está se perguntando como exatamente você vai fazer para começar isso.Bem, é mais fácil do que você talvez possa pensar. Então, imagine este cenário.

Você está querendo impressionar alguém, seja no trabalho, um amigo, não importa. A questão agora é o que você acha que precisa fazer em relação à sua linguagem corporal?

Para obter o que você quer, ou para mostrar confiança, eu sugiro que você faça o seguinte.

1. Fique em pé de cabeça erguida

Ao ficar de pé e adotar uma postura altiva, significa que você passará uma imagem forte. Qualquer um que se incline para frente ou para baixo está cedendo poder e é visto como fraco.

2. Olhe Diretamente Para Eles

Eu mencionei em mais de uma ocasião que você não pode perder tempo olhando para longe de alguém se você quer parecer confiante. No entanto, devo salientar que você não deve simplesmente encarar as pessoas, pois isso vai ser desconfortável para eles, e você vai ser visto como esquisito. Movimentos sutis da cabeça enquanto eles falam também será um bom sinal para você.

3. Fale em um Bom Tom

É sempre importante que você fale em um bom tom e ritmo. A chave é não gritar ou soar agressivo e muitas vezes pode ser uma linha tênue entre isso e ser assertivo.

4. Use gestos Fortes e Suaves

Além disso, já discuti a importância dos gestos e como eles podem realmente ser usados para retratar suas emoções e sentimentos. Sorria com confiança. Movimentos de mão ou braço precisam ser fortes e seguros. Nunca agite os braços ao redor ou mova as mãos constantemente, pois isso é visto como excessivo e mais provável de representar um indivíduo que está ansioso. Veja os gestos como sendo o equivalente a um ponto de exclamação, no qual você está tentando mostrar seu ponto de vista.

Como você pode ver, o principal é sempre o conceito de parecer forte, não importa a situação. A força sempre esteve ligada à confiança e à falta de medo, por isso seria até aconselhável passar um tempo olhando no espelho e praticando em pé, e trabalhando esses gestos, pois os resultados que você pode gerar poderão ser impressionantes.

Capítulo 5: Lidando com Problemas na Linguagem Corporal

Neste capítulo, vou procurar fornecer informações sobre como lidar com problemas quando se trata de empregar linguagem corporal ou entender errado o que os outros estão fazendo. A esperança é que ao encarar esses problemas ou situações que você possa enfrentar, será mais fácil para você evitá-los ou até mesmo trabalhar com eles em seu próprio benefício.

Naturalmente, você irá inevitavelmente se deparar com problemas em algum momento ou até mesmo se conscientizará demais da sua linguagem corporal e, então, efetivamente entrará em pânico ao tentar mudar as coisas. Isso dificilmente é uma situação ideal para se encontrar, pois pode facilmente desfazer todo o trabalho duro que você vem fazendo até este ponto.

No entanto, há coisas que você pode fazer para neutralizar esses problemas quando se trata de sua linguagem corporal.

Pensar Demais
Esse problema é mais comum quando você está começando a tentar usar a linguagem corporal a seu favor. Pensar muito sobre isso vai significar que começa a ficar falso. Isso, por si só, será muito óbvio para muitos e mesmo que você esteja tentando transmitir a impressão de estar confiante, a maneira pela qual isso acabará ficando bastante desajeitado fará com que as pessoas acreditem que você é qualquer coisa, menos confiante.

A linguagem corporal positiva flui, o que é mais fácil quando se torna algo natural para você. Se você pensar em detalhes, os erros ocorrerão, pois será normal que os níveis de ansiedade aumentem.

Você Não Está em Sincronia
Quando gostamos de alguém ou tentamos deixar uma impressão positiva, muitas vezes tentamos estar em sincronia com ele. Isso significa que praticamente imitamos os movimentos deles e até mesmo o padrão de fala, por isso, se você

não estiver em sincronia, é melhor tentar se alinhar com eles. Não fazê-lo passa a mensagem de que você não está interessado.

Seus Movimentos são Estranhos e Largos
Os movimentos são fundamentais, mas quando são claramente desajeitados e largos por natureza, tornam-se um problema. Ser exagerado com as coisas é tão ruim que não fazer nada e passam a mesma má impressão, que certamente você não quer passar.

Falta de Expressões Faciais
Se estamos entediados ou não estamos interessados, isso se torna evidente na nossa cara. A falta de expressões faciais é um sinal de que as coisas não estão bem. No entanto, evite fazer o falso "sorriso amarelo", pois isso é tão ruim quanto. Mova seus olhos, faça um leve sorriso, acene com a cabeça em concordância, ou até mesmo levante uma sobrancelha.Apenas faça qualquer coisa para mostrar que você ainda está prestando atenção.

Sinais Incompatíveis

Sua linguagem corporal deve corresponder com o que você está dizendo ou então isso vai levar a uma confusão absoluta. Imagine se suas palavras estão dizendo que você está animado com alguma coisa e sua linguagem corporal está muito fechada. Isso envia sinais ruins para as pessoas e as leva a não entender o que está acontecendo.

A principal coisa aqui é que você tome conhecimento das questões relativas à linguagem corporal e tome medidas sobre elas o quanto antes. Considerando a importância que tendemos a colocar nesses movimentos, não mudar as coisas simplesmente não é uma opção que você deseja.

Capítulo 6: Os Passos Finais Para Dominar a Linguagem Corporal

Este último Capítulo vai olhar mais de perto os principais passos que foram abordados nos Capítulos deste livro. Ao fazê-lo, permitirá que você tenha uma ideia melhor de como você colocará as coisas em ação em seu próprio mundo para finalmente alcançar o que quer que você esteja buscando.

A linguagem corporal é algo que pode realmente ser dominada, pelo menos no nível consciente.E é algo que é usado por pessoas de todas as esferas da vida e você pode se juntar a elas.

A coisa mais importante que você pode fazer neste momento é rever os principais movimentos e dicas que incluímos neste livro e imaginar-se fazendo isso. Para alguns, você vai perceber que você já faz, e isso é uma ótima notícia, pois o resto deve ser fácil e direto.

No entanto, como é minha intenção tornar isso tudo o mais fácil possível, vou apenas recapitular as principais coisas que você deve fazer, ou aquelas coisas em que é melhor evitar.

1. Pratique
Sim, você precisa praticar isso porque seria loucura pensar que você poderia ler este livro e já obter resultados surpreendentes logo na primeira vez que precisasse. Pode envolver você mudar como você fica em pé, se senta, anda, o que você faz com suas mãos, como você fala e tantas outras coisas que é sempre bom tirar um tempo para ensaiar.

2. Não Seja Autocrítico
Nós cometemos erros, é parte de sermos humanos, então ser muito autocrítico será inútil. Ninguém é perfeito ao usar a linguagem corporal, então você não está sozinho ao cometer um erro. A coisa mais importante évocê sentir que tem sido capaz de ter as emoções corretas na maior parte do tempo.

3. Não se Compartimentalize

Seu corpo tem que ser visto como uma entidade inteira. Isso pode parecer óbvio, mas no início você estará se concentrando em uma parte do seu corpo e, em grande parte, esquecerá o resto. Evite dividir-se em compartimentos já que a linguagem corporal precisa fluir da cabeça aos pés para ser eficaz.

4. Você não Pode Ganhar Todas

Mesmo que a linguagem corporal seja uma ferramenta útil, você não pode ganhar todas. Às vezes, a linguagem corporal positiva não é suficiente, pois haverá outros fatores a serem levados em consideração. Ao mesmo tempo, a linguagem corporal positiva nunca deve ser vista como a solução definitiva ou revolucionária. Você precisa ter o jogo inteiro em mente ou estará perdendo seu tempo.

5. Você Precisa Interpretar ao Mesmo Tempo que Faz

O quinto e último ponto que gostaria de frisar aqui é que haverá um certo ato de equilíbrio em todos os momentos, pois você não apenas estará fazendo sua própria linguagem corporal, mas também terá que interpretar o que as outras pessoas estão fazendo. Isso pode ser difícil, pois há todas as chances, no começo, de que você se sinta pressionado, mas todo mundo sente isso. Além disso, tente aprender com os outros e o que eles fazem, especialmente aqueles que sempre parecem conseguir o que querem. Se este é realmente o caso, então as chances são de que eles são muito bons em sua linguagem corporal.

Conclusão

Obrigado, de novo, por baixar esse livro! Espero que este livro tenha sido capaz de ajudá-lo a começar a entender não apenas os fundamentos da linguagem corporal, mas também a diferença que pode causar em sua vida.
O próximo passo é agir, porque o fracasso não faz sentido algum. Você vai cometer erros no começo, isso é a vida. No entanto, este é certamente um caso em que a prática, de fato, leva à perfeição. Por isso, não há tempo melhor do que o presente.

Por fim, se você gostou deste livro, gostaria de te pedir um favor. Poderia fazer a gentileza de deixar um comentário para este livro? Seria muito apreciado!
Obrigado e boa sorte!

www.ingramcontent.com/pod-product-compliance
Lightning Source LLC
Chambersburg PA
CBHW071908070526
44583CB00016B/1897